Made in the USA
Middletown, DE
30 August 2021

47248823R00062